Bibliografische Information der Deutschen Nationalbibliothek:

Die Deutsche Bibliothek verzeichnet diese Publikation in der Deutschen National-bibliografie; detaillierte bibliografische Daten sind im Internet über http://dnb.d-nb.de/ abrufbar.

Impressum:

Copyright © 2019 GRIN Verlag
Druck und Bindung: Books on Demand GmbH, Norderstedt Germany
ISBN: 9783346155979

Anonym

Der Zweck von Sprache in der Politik

GRIN Verlag

GRIN - Your knowledge has value

Der GRIN Verlag publiziert seit 1998 wissenschaftliche Arbeiten von Studenten, Hochschullehrern und anderen Akademikern als eBook und gedrucktes Buch. Die Verlagswebsite www.grin.com ist die ideale Plattform zur Veröffentlichung von Hausarbeiten, Abschlussarbeiten, wissenschaftlichen Aufsätzen, Dissertationen und Fachbüchern.

Besuchen Sie uns im Internet:

http://www.grin.com/

http://www.facebook.com/grincom

http://www.twitter.com/grin_com

Gesamtschule Kürten

„Beeinflusst die Sprache die Politik?"

Deutsch LK

2019

Inhalt

1. Einleitung 3

2. Die Sprache der Politik 4

   2.1 Zweck der Sprache 4

   2.2 Generelle positive Effekte der politischen Sprache 5

   2.3 Generelle negative Effekte der politischen Sprache 5

3. Politische Sprache am Beispiel Gregor Gysi 7

   3.1 Wie verwendet Gysi die Sprache bzw. welche sprachlichen Mittel verwendet er? 7

   3.2 Welche Wirkung hat das auf sein Publikum 8

   3.3 Fazit zu Gregor Gysis Verwendung der Sprache 9

4. Politische Sprache am Beispiel Katrin Göring-Eckhardt 10

   4.1 Wie verwendet Katrin Göring-Eckhardt die Sprache bzw. Welche sprachlichen Mittel verwendet sie? 10

   4.2 Welche Wirkung hat das auf ihr Publikum? 10

   4.3 Fazit zu Katrin Göring-Eckhardts Verwendung der Sprache 11

5. Veränderung der heutigen politischen Sprache im Vergleich zu früher 12

6. Fazit 13

Quellenverzeichnis 14

2

1. Einleitung

Ich habe mich dafür entschieden, meine Facharbeit im Deutsch Leistungskurs über die Sprache der Politik zu schreiben, da ich dieses Thema sehr interessant finde. Ich habe mir schon öfters die Frage gestellt, wie genau die Sprache die Politik beeinflusst. Ist es wirklich möglich, allein durch Sprache die Politik und damit auch das Leben von vielen Menschen zu beeinflussen? Kann man allein, durch den gezielten Gebrauch von sprachlichen Mitteln, seine Zuhörer beeinflussen und ihr Handeln und Denken manipulieren? Was können rhetorische Mittel genau bewirken? All diese Fragen haben mein Interesse sehr geweckt. Zunächst werde ich erklären, wozu genau die Sprache in der Politik dient und was ihr Zweck ist. Daraufhin werde ich dann die generellen positiven und negativen Effekte der politischen Sprache erklären und diese an zwei unterschiedlichen Beispielen, beziehungsweise an Gregor Gysi und Katrin Göring-Eckhardt, genauer aufzeigen. Anschließend werde ich die Veränderungen der politischen Sprache im Gegensatz zu früher untersuchen und darlegen. Abschließend werde ich dann zur Beantwortung meiner Frage, wie die Sprache die Politik beeinflusst, kommen und die zuvor aufgezeigten Inhalte zusammenfassen.

2. Die Sprache der Politik

„Politische Sprache bedeutet den politischen Gebrauch der Sprache"[1], heißt so viel wie, jede Form der Sprache, die in jeder erdenklichen Situation in der Politik verwendet wird, gehört zur Sprache der Politik.[2]

2.1 Zweck der Sprache

Die Sprache ist die wichtigste Art menschlicher Verständigung und dient der Kommunikation beziehungsweise dem Informationsaustausch. Sie bietet die Möglichkeit, einen Standpunkt zu vermitteln und kann als Werkzeug zum Appellieren und Beeinflussen des menschlichen Handelns und Denkens dienen[3]. All diese Funktionen der Sprache nutzt die Politik, denn ohne die Sprache als wichtigstes Mittel der Verständigung, wäre es kaum möglich, Entscheidungen unter der Einbeziehung von anderen Menschen zu treffen. Ohne die Sprache würde das Mittel zum Diskutieren und Überzeugen fehlen, also würden wir ohne Sprache vermutlich in einer Diktatur leben[4]. So kommt es, dass in der Politik viel Wert auf die Sprache gelegt wird, denn wer die Sprache beherrscht und mit ihr überzeugen und beeinflussen kann, der gewinnt auch bei den Wahlen, was das Ziel eines jeden Politikers ist. Die Politiker wollen mit ihrer Sprache überzeugen. Dies tun sie oftmals indem sie hitzige „Wutreden" halten und den Gegner negativ darstellen. Diese „Wutreden" sind, genauso wie bei allem anderem, bei dem die Politik die Sprache nutzt, geprägt durch rhetorische Mittel und ähnlichem[5]. Rhetorische Mittel werden für unterschiedliche Zwecke in der Politik verwendet, teilweise um Geschehnisse zu neutralisieren beziehungsweise sie zu verharmlosen. So wird z.B. bei einer Geiselnahme von Geiselnehmern gesprochen und nicht von Geiselterroristen oder ähnlichem, da dies das Geschehene legitimiert durch den Wortteil „Nehmer". Das Geschehene beziehungsweise die verantwortlichen Personen werden nicht bewertet. Den oben erwähnten Wortteil assoziiert man mit Worten wie „Arbeitnehmer", die vollkommen alltäglich sind und keine negative Wertung aufzeigen. Durch die oben genannten Argumente kommt es dann zu der bereits angesprochenen Neutralisation[6].

---

[1] http://www.bpb.de/apuz/32947/politische-sprache-zeichen-und-zunge-der-macht?p=all
[2] https://www.bpb.de/politik/grundfragen/sprache-und-politik/
[3] Sprache in der Politik – Heute und im Nationalsozialismus, Caroline Olimpia Hain 2011, S.3
[4] Sprache in der Politik – Heute und im Nationalsozialismus, Caroline Olimpia Hain 2011, S.21
[5] Sprache und Sprachverwendung in der Politik: Eine Einführung in die linguistische Analyse öffentlich-
    politischer Kommunikation (Band 39), Heiko Girnth 2015, S.24
[6] Sprache in der Politik – Heute und im Nationalsozialismus, Caroline Olimpia Hain 2011, S.6

Doch nicht nur die sprachlichen Mittel sind wichtig, sondern bei einer Rede sind auch Tonlage und Tempo essenzielle Bausteine, genauso wie der Inhalt. Diese ganzen Faktoren sind die Grundlage einer jeden guten Rede.[7]

2.2 Generelle positive Effekte der politischen Sprache

Die politische Sprache erzeugt durch ihre Fülle an rhetorischen Mitteln Interesse bei vielen Personen. Sie bleibt besonders gut im Kopf durch die Verwendung von gut ausgewählten sprachlichen Mitteln, wie zum Beispiel Metaphern, beziehungsweise sprachlichen Bildern.[8] Durch ihre Verwendung wird der Politik mehr Aufmerksamkeit geschenkt, denn erst durch die Möglichkeiten der Sprache, wie zum Beispiel große Reden zu halten, die durch ihre Tonlage und durch ihre Fülle an rhetorischen Mitteln im Kopf bleiben, erreicht und überzeugt man Menschen. All dies wäre ohne die Sprache in der Politik gar nicht möglich, was dazu führen würde, dass sich nur ein sehr kleiner Teil der Bevölkerung mit der Politik auseinandersetzten und befassen würde. Durch ihre oftmals provozierende und extravagante Formulierung sind Reden noch viel interessanter und bewegen mehr Menschen. Je nachdem von wem eine Rede gehalten wird, wird die Sprache auch dazu benutzt, komplexe und komplizierte Sachverhalte möglichst gut zu erklären. Viele Politiker benutzen dafür sprachliche Mittel wie zum Beispiel Metaphern. Ein weiterer Aspekt, der dafür sorgt, dass die Politik durch ihre Sprache noch mehr Aufmerksamkeit geschenkt bekommt, sind die Emotionen. Diese Emotionen kommen in der politischen Sprache vermehrt zum Einsatz durch die Verwendung unterschiedlichster rhetorischen Mittel, Tonlage und Tempo. Emotionen führen bei den Zuhörern zu einer gewissen Verbundenheit, denn sie haben das Gefühl, dass die Politiker ihnen ähneln.

2.3 Generelle negative Effekte der politischen Sprache

Oftmals führt die Sprache in der Politik auch zu negativen Effekten. Einer dieser negativen Effekte ist die Verschleierung von Informationen.[9] Dies ist natürlich abhängig von Sachverhalt und Politiker, doch wenn ein Politiker etwas verschleiern will und somit schwer verständlich für den Zuhörer machen will, dann schafft er dies auch mit Leichtigkeit. Für solche Zwecke werden oft rhetorische Mittel verwendet, wie zum Beispiel die Neutralisation, die bereits in 1.1 erklärt wurde.[10] Ein anderer Weg Sachverhalte zu verschleiern ist die Verwendung von komplizierten und unbekannten Wörtern, die es den Zuhörern schwierig machen den Politikern und Politikerinnen zu folgen.

---

[7] Handbuch Sprache und Politik: Band 2 (Sprache – Politik – Gesellschaft), Thomas Niehr, Jörg Kilian, etc. 2017, S. 27
[8] Manipulation durch die Sprache – Rhetorik, Dialektik und Forensik in Industrie, Politik und Verwaltung, Rupert Lay 1999, S.43
[9] Herrschaft durch Sprache: Politische Reden, Thomas Schirren 2014, S.14
[10] Sprache in der Politik – Heute und im Nationalsozialismus, Caroline Olimpia Hain 2011, S.6

Viele Menschen verspüren eine gewisse Distanz zwischen den Politikern und ihnen, da die Politiker häufig eine Sprache verwenden, die der Sprache der Bürger nur in wenigen Punkten ähnelt. Die Sprache der Politik wird häufig als seriöser als die der Bürger empfunden, dadurch haben viele Bürger das Gefühl, dass die Politiker höhergestellt sind und die Bürger auch so behandeln.[11]

---

[11] Vom politischen Gebrauch der Sprache: Wort, Text, Diskurs- Eine Einführung, Melanie Schröter und Björn Carius 2008, S.16

3. Politische Sprache am Beispiel Gregor Gysi

Gregor Florian Gysi (*16. Januar 1948 in Berlin) ist ein deutscher Jurist und Politiker der Partei „Die Linke" und war Vorsitzender der Linken-Bundestagsfraktion und Mitglied des Deutschen Bundestages von 2005 bis 2015.

3.1 Wie verwendet Gysi die Sprache bzw. welche sprachlichen Mittel verwendet er?

Gregor Gysi verwendet viele unterschiedliche rhetorische Mittel. Zu diesen gehören auch die Anekdoten, die er benutzt, wie z.B. im Jahr 2014. Zu dieser Zeit diskutierte der Bundestag über die Privatisierung von Straßen im Zusammenhang mit dem Haushaltsplan, Gregor Gysi „drohte" damals seinem Gegner, die Straße zu kaufen, in der dieser wohnt. Dann müsse er überall angeben, dass er „Zum Gysi 1" wohnt, was ihm bestimmt peinlich sein würde. [12] Dieses Beispiel zeigt auch den Humor von Gregor Gysi, den er immer wieder in seine Sprache und in seine Reden integriert. Des Weiteren verwendet Gysi immer sowohl die männliche als auch die weibliche Form aller Personen und Berufsbezeichnungen, wie z.B. in der Rede vom 05.09.2017: „In den Reden vieler Rednerinnen und Redner...".[13] Außerdem verwendet Gregor Gysi häufig gut verständliche Metaphern, wie z.B. 2014, als Gregor Gysi auf die Frage eines Journalisten antwortete: „Wenn ich nicht melken könnte, wäre ich ja völlig deplatziert in der Politik"[14] oder 2014 in einer Rede zur Krimkrise: „Büchse der Pandora"[15]. Häufig benutzt Gysi auch alltägliche Wörter, die jedermann kennt, wie zum Beispiel das Wort durchdrehen: „Wenn George W. Bush wieder durchdreht"[16]. Andere Beispiele für alltägliche Wörter sind „Mumm"[17] und „Duckmäuserturm"[18]. Die Verwendung von Zahlen und Werten in seinen Reden ist auch keine Seltenheit.

Doch zu Gysis Verwendung von Sprache gehören nicht nur rhetorische Mittel, sondern auch Inhalt, Tonlage und Tempo: „Gysis Vortrag überzeugt durch den Wechsel von Tonlage und Tempo. Mal unbequem und hartnäckig nachfragend, mal ruhig analytisch, dann polemisch und bestimmt, beherrscht Gregor Gysi die Klaviatur der Ausdrucksmöglichkeiten wie kaum ein anderer politischer Redner unserer Zeit"[19]. Aber auch wenn es um die Darstellung schwieriger Sachverhalte geht, ist Gysi sehr überzeugend. Er schafft es oftmals sehr gut sehr schwierige Sachverhalte auf das wichtigste zu reduzieren und gut verständlich für alle darzustellen.

---

[12] https://www.fnp.de/politik/ich-mache-gerne-humor-gregor-gysi-zieht-bilanz-10436165.html
[13] https://www.gregorgysi.de/reden/einzelansicht/news/rede-von-gregor-gysi-am-05092017/
[14] https://www.berliner-zeitung.de/politik/-gysi-und-sote-seine-besten-sprueche-23033364
[15] https://www.zeit.de/politik/deutschland/2014-03/ukraine-bundestag/seite-2
[16] http://dip21.bundestag.de/dip21/btp/16/16039.pdf   S.15 Abschnitt (C)
[17] http://www.rhetorik.uni-tuebingen.de/2013/12/17/rede-des-jahres/
[18] http://www.rhetorik.uni-tuebingen.de/2013/12/17/rede-des-jahres/
[19] http://www.rhetorik.uni-tuebingen.de/2013/12/17/rede-des-jahres/

3.2 Welche Wirkung hat das auf sein Publikum

Die oben aufgelisteten rhetorischen Mittel haben viele Unterschiedliche Zwecke und Wirkungen. Als erstes wurde eine Anekdote zur Schau gestellt. Diese Anekdote beziehungsweise generell Anekdoten unterhalten die Zuhörer und bleiben oftmals in der Erinnerung des Zuhörers. Das kann dem Politiker, der diese Anekdote verwendet hat, enorm hilfreich sein, denn wenn der Zuhörer zum Beispiel überlegt wen er bei einer Wahl wählen soll und der Politiker einem direkt in den Kopf kommt durch diese Anekdote, dann hat der Politiker bessere Chancen[20]. Darauf folgte in Abschnitt 3.1 die Erwähnung des Humors, den Gregor Gysi oft in seine Reden einbaut. Dieser Humor sorgt dafür, dass der Politiker als sympathischer empfunden wird als andere[21]. Die Verwendung von der männlichen und weiblichen Form jedes Berufs und jeder Person hat zufolge, dass sich jeder Zuhörer und jede Zuhörerin angesprochen fühlt und nicht nur die männlichen. Außerdem kritisiert es die Genderproblematik. Metaphern erleichtern dem Zuhörer das Verstehen vom Neuen, denn es wird etwas, was ihm bereits bekannt ist, als Bild herangezogen, um das Verstehen des Neuen zu erleichtern.[22] Auf die Metaphern folgten in Absatz 3.1 die Verwendung von alltäglichen Wörtern. Diese Verwendung von alltäglichen Wörtern rufen bei vielen Menschen eine stärkere Verbindung zum Politiker, denn sie verwenden diese Wörter meistens auch und haben so nicht das Gefühl, dass sich die Politiker selbst als etwas besseres ansehen, sondern sie haben das Gefühl, das die Politiker ihnen ähnlich sind.[23] Die darauf folgende Verwendung von Zahlen und Werten benutzt der Politiker beziehungswiese Gregor Gysi um seine Aussagen durch Fakten zu stützen und so vertrauenswürdiger zu wirken, doch Achtung: zu viele Zahlen führen oft zu Langeweile und Verwirrung bei den Zuhörern.[24] Dass Gregor Gysi oftmals schwierige Sachverhalte sehr gut und vereinfacht darstellt, hilft ihm auch enorm bei der Gewinnung neuer Wähler, denn wenn ein Wähler die Reden eines Politikers gut versteht, dann bleibt ihm auch der Politiker, in dem Fall Gregor Gysi, im Kopf. Durch das Verändern des Tempos und der Tonlage zeigt Gysi seine Emotionen: wenn es um Themen geht, die ihm sehr wichtig sind und sehr stören, dann redet Gysi meist schneller und ändert die Tonlage. Das funktioniert anders herum genauso. Dadurch zeigt er, wie bereits erwähnt seine Emotionen.[25]

---

[20] Handbuch Sprache und Politik: Band 2 (Sprache – Politik – Gesellschaft), Thomas Niehr, Jörg Kilian, etc. 2017, S. 19
[21] https://www.politik-kommunikation.de/ressorts/artikel/das-geheimnis-von-humor-der-politik-853920879
[22] https://www.lwf.bayern.de/wissenstransfer/forstliche-informationsarbeit/078727/index.php
[23] Vom politischen Gebrauch der Sprache: Wort, Text, Diskurs- Eine Einführung, Melanie Schröter und Björn Carius 2008, S.18
[24] Vom politischen Gebrauch der Sprache: Wort, Text, Diskurs- Eine Einführung, Melanie Schröter und Björn Carius 2008, S.19
[25] Handbuch Sprache und Politik: Band 2 (Sprache – Politik – Gesellschaft), Thomas Niehr, Jörg Kilian, etc. 2017, S. 11

3.3 Fazit zu Gregor Gysis Verwendung der Sprache

Abschließend lässt sich sagen, dass Gregor Gysi die Sprache auf eine sehr positive Art und Weise verwendet. Er weiß genau wie er sie einzusetzen hat und nutzt dies auch. Durch seine Verwendung von rhetorischen Mitteln, Tonlage und Tempo überzeugt er viele Zuhörer und treibt seine Gegner in die Enge.

4. Politische Sprache am Beispiel Katrin Göring-Eckhardt

Katrin Dagmar Göring-Eckhardt ist eine deutsche Politikerin der Partei Bündnis 90 beziehungsweise Die Grünen. Von 2005 bis 2013 amtierte sie für ihre Fraktion als Vizepräsidentin des Deutschen Bundestages.

4.1 Wie verwendet Katrin Göring-Eckhardt die Sprache bzw. Welche sprachlichen Mittel verwendet sie?

Katrin Göring-Eckhardt bleibt größten Teils sehr ruhig und zurückhaltend. Selbst bei Themen, die sie wütend machen, drückt sie ihre Wut nicht durch eine imposante Tonlage oder ähnliches aus, sondern sie zeigt ihre Wut durch lange Pausen. Zwar redet sie in einem ernsten Ton, aber dieser ist keines Falls so aufbrausend wie der von anderen Politikern. Sie redet in kurzen und knappen Sätzen, die einfach aufgebaut sind. Sie verwendet auch Metaphern: In der Absage an die CDU und CSU 2013 redet Katrin Göring-Eckhardt von „Da tauchen Türen auf, die zugenagelt sind, doch nicht so fest, dass sich die Nägel nicht wieder ziehen ließen".[26] Oftmals verwendet sie auch Ironie um ihre Reden zu eröffnen, wie zum Beispiel in ihrer Rede von 2013: „Ich habe extra meine selbstgestrickten Strümpfe angezogen".[27]

4.2 Welche Wirkung hat das auf ihr Publikum?

Durch ihre ruhigen und zurückhaltenden Reden bewegt sie nur sehr weniger Zuhörer, denn ihre Reden wirken nicht anstachelnd, sondern eher „einlullend". Dadurch erreicht sie sehr weniger Menschen beziehungsweise begeistert wenige Menschen. Sie versucht es allen recht zu machen, was leider nur selten funktioniert, da es dafür einfach zu viele unterschiedliche Ansichten in der Gesellschaft gibt. Sie verwendet zwar oftmals Ironie, um die Stimmung aufzulockern, doch dies misslingt häufig, denn sie verwendet Ironie, die nur wenige Menschen teilen beziehungsweise lustig finden. Dies hat zur Folge, dass die Stimmung noch angespannter als vorher ist. Außerdem bleibt sie sehr sachlich und formell, oftmals hat man das Gefühl, dass irgendein Professor für sie die Rede geschrieben hat und sie diese einfach nur „runterrattert". Dies führt dazu, dass nicht viele Menschen nicht das Gefühl haben, sich mit Katrin Göring-Eckhardt identifizieren zu können. Dass niemand ein besonderes Ereignis, wie zum Beispiel eine Wutrede zu einem großen Thema, mit ihr verbindet, führt dazu, dass sie deutlich weniger Befürworter hat als andere Politiker. Katrin Göring-Eckhardt überzeugt nur selten und wenn, dann durch eine ernste Tonlage und lange Pausen.[28]

---

[26] https://www.tagesspiegel.de/meinung/nach-absage-an-cdu-die-wahrheit-ist-die-gruenen-haben-sich-nicht-getraut/8943756.html
[27] https://www.zeit.de/politik/deutschland/2013-04/portraet-goering-eckardt-gruene/seite-2
[28] https://www.politik-kommunikation.de/ressorts/artikel/rhetorikcheck-katrin-goering-eckardt-16090

4.3 Fazit zu Katrin Göring-Eckhardts Verwendung der Sprache

In vielen Fällen nutzt Katrin Göring-Eckhardt die Möglichkeiten der Sprache nicht aus. Sie handelt beziehungsweise redet zu zurückhaltend und ruhig, wenn sie öfters mal Tempowechsel und Tonlagenwechsel vornehmen würde, dann wären ihre Reden um einiges interessanter. Auch die Verwendung von gut ausgesuchten rhetorischen Mitteln, die im Gedächtnis bleiben, würden ihren Beliebtheitsfaktor steigern und sie und ihre Reden interessanter machen.

5. Veränderung der heutigen politischen Sprache im Vergleich zu früher

Im Gegensatz zu früher wird die Sprache der Politik immer gröber beziehungsweise „Der Ton der Politik wird immer gröber"[29]. Damit ist gemeint, dass heute viel häufiger Synonyme benutzt werden, bei denen klar ist, dass sie negativ gemeint sind. So zum Beispiel bei Andrea Nahles, die Fraktionsvorsitzende der SPD und zugleich SPD-Parteivorsitzende spricht zum Beispiel in einer Rede über ihre politische Konkurrenz. Sie sagt: „Keine Sorge, es wurde ordentlich durchgewischt"[30]. Hier bezeichnet Andreas Nahles ihre Konkurrenz indirekt als Dreck. So etwas gab es früher nicht. Früher redete man zwar auch nicht positiv vom politischen Gegner, doch man bezeichnete den politischen Gegner niemals indirekt als Dreck. Eine weitere große Veränderung ist die Zurückhaltung vieler Politiker, niemand möchte etwas Falsches sagen. Das haben wir wohl auch der heutigen Digitalisierung zu verdanken, denn sobald ein Politiker etwas Falsches sagt, dann wird er in den Medien förmlich zerrissen. Ein Beispiel dazu: Alexander Gauland, Parteivorsitzender der AfD (Alternative für Deutschland), bezeichnete die NS-Verbrechen als „Vogelschiss" [31]. Darauf folgte ein großer Aufschrei in Deutschland und Alexander Gauland wurde von vielen beleidigt und kritisiert. Es steht außer Frage, dass diese Aussage von Alexander Gauland alles andere als angemessen war, doch man muss auch beachten, dass jeder Mensch mal Fehler macht oder etwas anders meint, als es rüberkommt. Durch solche Ereignisse halten sich viele Politiker oftmals sehr zurück und treffen keine klaren Aussagen mehr, denn jeder hat Angst davor etwas Falsches zu sagen. So versuchen viele Politiker ihre Reden so zu formulieren, dass es viele unterschiedliche Interpretationsmöglichkeiten gibt.

---

[29] https://www.tagesspiegel.de/berlin/zur-verrohung-der-politischen-sprache-die-verflachung-des-denkens-kann-gefaehrlich-werden/24160190.html
[30] https://www.tagesspiegel.de/berlin/zur-verrohung-der-politischen-sprache-die-verflachung-des-denkens-kann-gefaehrlich-werden/24160190.html
[31] https://www.zeit.de/politik/deutschland/2018-06/afd-bundesregierung-alexander-gauland-hitler-nationalsozialismus-vogelschiss

6. Fazit

Zusammenfassend lässt sich sagen, dass die Sprache großen Einfluss auf die Politik hat. Ohne Sprache wäre die Politik in dieser Art und Weise gar nicht möglich, da das wichtigste Mittel der Kommunikation fehlen würde. Ein weiterer Aspekt, durch den die Sprache die Politik beeinflusst ist durch ihre rhetorischen Mittel. Sämtliche sprachlichen Mittel wie Metaphern, Rhetorik, Tonlage, Tempowechsel, usw. werden von den politischen Rednern umfangreich genutzt, um Bürger, politische Gegner und auch Mitstreiter zu überzeugen. Dies gelingt dem einen Politiker besonders gut, dem anderen eher weniger.

All diese oben genannten sprachlichen Mittel haben ihre eigene unterschiedliche Wirkung und einen ganz bestimmten Zweck in der Politik. Einer der wichtigsten Zwecke ist die Darstellung und Vermittlung von Emotionen, da diese den Bürger am meisten beeinflussen

Eine Veränderung zu früher ist auch klar zu sehen, insofern, dass die Politiker heutzutage vorsichtiger geworden sind, da sie Angst vor den Medien haben. Diese spielen im Gegensatz zu früher eine deutlich größere Rolle, das liegt vor allem an der Digitalisierung

Quellenverzeichnis

Literaturquellen:

- Duden: Sprache und Politik – Deutsch im demokratischen Staat, Band 6 2005
- Handbuch Sprache und Politik: Band 2 (Sprache – Politik – Gesellschaft), Thomas Niehr, Jörg Kilian, etc. 2017
- Herrschaft durch Sprache: Politische Reden, Thomas Schirren 2014
- Manipulation durch die Sprache – Rhetorik, Dialektik und Forensik in Industrie, Politik und Verwaltung, Rupert Lay 1999
- Sprache in der Politik – Heute und im Nationalsozialismus, Caroline Olimpia Hain 2011
- Sprache und Sprachverwendung in der Politik: Eine Einführung in die linguistische Analyse öffentlich- politischer Kommunikation (Band 39), Heiko Girnth 2015
- Vom politischen Gebrauch der Sprache: Wort, Text, Diskurs- Eine Einführung, Melanie Schröter und Björn Carius 2008

Internetquellen:

- http://dip21.bundestag.de/dip21/btp/16/16039.pdf
- https://www.berliner-zeitung.de/politik/-gysi-und-sote-seine-besten-sprueche-23033364
- http://www.bpb.de/apuz/32947/politische-sprache-zeichen-und-zunge-der-macht?p=all
- https://www.bpb.de/politik/grundfragen/sprache-und-politik/
- https://www.fnp.de/politik/ich-mache-gerne-humor-gregor-gysi-zieht-bilanz-10436165.html
- https://www.gregorgysi.de/reden/einzelansicht/news/rede-von-gregor-gysi-am-05092017/
- https://www.lwf.bayern.de/wissenstransfer/forstliche-informationsarbeit/078727/index.php
- https://www.politik-kommunikation.de/ressorts/artikel/das-geheimnis-von-humor-der-politik-853920879
- https://www.politik-kommunikation.de/ressorts/artikel/rhetorikcheck-katrin-goering-eckardt-16090
- http://www.rhetorik.uni-tuebingen.de/2013/12/17/rede-des-jahres/
- https://www.tagesspiegel.de/berlin/zur-verrohung-der-politischen-sprache-die-verflachung-des-denkens-kann-gefaehrlich-werden/24160190.html

- https://www.tagesspiegel.de/meinung/nach-absage-an-cdu-die-wahrheit-ist-die-gruenen-haben-sich-nicht-getraut/8943756.html
- https://www.zeit.de/politik/deutschland/2013-04/portraet-goering-eckardt-gruene/seite-2
- https://www.zeit.de/politik/deutschland/2018-06/afd-bundesregierung-alexander-gauland-hitler-nationalsozialismus-vogelschiss